Max Schatz

NIHILSCHWIMMER

Sonettenkränze

ostbooks

Hrsg. vom Bayerischen Kulturzentrum der Deutschen aus
Russland in Kooperation mit dem Literaturkreis der Deutschen
aus Russland e. V.

Dieses Projekt wird gefördert durch
Bayerisches Staatsministerium für
Familie, Arbeit und Soziales

Autor: Max Schatz
Titel: Nihilschwimmer

Lektorat: Martina Leon

Umschlagbild: Katharina Schatz
Layout: ostbooks verlag

ISBN 978-3-947270-09-5
1. Auflage, 2020

www.ostbooks.de

Printed in EU

Sternenblumenkerne

I

Die letzte Hoffnung: Sternenblumenkerne.
Erlöschend längst, jedoch die Zunge brennt,
und schneller der Sekundenzeiger rennt ...
Siehst du den dunklen Punkt schon in der Ferne?

Die Sicht getrübt, und schmal ist unser Grat,
noch weit die letzte Zeile des Gedichtes,
der Tunnel dort am Ende hellen Lichtes,
ein müder Hamster kippt bald aus dem Rad.

Die Welt – ein Mensch, der ächzet unter Schulden,
kann sich beileibe auch kaum noch gedulden,
wer soll noch diese schwache Hoffnung hegen?

Am blauen Morgen und im Abendrot
Bioplacebos, wie das täglich' Brot,
den Hungernden nie mehr ausgehen mögen.

II

Den Hungernden nie mehr ausgehen mögen
die Feuer der Chimäre in den Augen,
wenn auch Dämonen sich daran vollsaugen –
sie kämpfen, nur des Überlebens wegen.

Und dieser Kampf erscheint allgegenwärtig,
die Industrie lässt einen Wald aus Rohren
maligne Löcher in den Himmel bohren,
der Mensch ist mit Natur noch lang' nicht fertig!

Das Spiel braucht Opfer, hinterlässt Ruinen,
der Tod langweilt zu Tode sich in ihnen,
greift zu innovativen Mitteln, Regeln,

zu komplettieren die Kollektion,
lässt Köder liegen wie ein Lutschbonbon,
wir picken sie gleich ahnungslosen Vögeln.

III

Wir picken *shit* gleich ahnungslosen Vögeln,
in einem Teufelskreis aus Schein und Trug
gefangen. Durst! Und doch ist leer der Krug.
Das Nörgeln nimmt den Wind aus unsren Segeln.

Die Mainstream-Medien all die Gemüter
bedüngen mit den Dogmen, Drogen. Ritter
der Wahrheit sind inkognito trotz Vita,
mit Maulkorb statt des Helms diese Gralshüter.

Sich selbst gebaute Käfige – ihr Heim,
wo sie ersticken eignes Wort im Keim,
in ihren Städten brennt keine Laterne.

In *unsren* Städten brennen Leuchtreklamen,
das Wichtigste: für immer und zusammen!
Den Dummen bleibt ein lebenslanges „Lerne!".

IV

Den Dummen bleibt ein lebenslanges „Lerne!",
doch Dummheit gibt es nicht, nur Glück und Pech,
und Zweifel nagen auf dem ganzen Weg:
Ist Glück denn alles, was man hätte gerne?

Gehört womöglich etwas noch dazu?
Wie ohne Wüste gibt's keine Oase,
so tut Licht weh ganz ohne dunkle Phase,
ein Hase fürchtet beides immerzu.

Wenn Angst vorm Wolf, dann geh nicht in den Wald!
Wenn Angst vorm Alter, werde halt nicht alt!
Tja, leicht gesagt ... Man ist kein Floh im Bernstein.

Jedoch vielleicht ein Hellseher? So sage,
was uns noch blüht auf unsre letzten Tage,
das Fass ist schon randvoll, quillt über Rotwein

V

Das Fass ist schon randvoll, quillt über Rotwein,
der sich entpuppt im Nachhinein als Wasser,
noch gestern auf der Flucht, heut Ketten rasseln,
erneut heißt es, zu fristen altes Dasein.

Desillusionierung. Trost wovon noch?
Zeit zu mobilisieren frische Kräfte
und wieder kämpfen, bauen Schächte, Schäfte ...
Verbohrtheit bohrt das neueste Ozonloch.

All das kennt man aus ewigen Spektakeln,
wo schlägt sich eine Axt mit acht Tentakeln,
gemeinen, sich reproduzierenden.

Der Zorn macht dich zu seinem Untertan,
man führt die Waffe mit als Talisman,
dann: siehe Erfurt, Ansbach, Winnenden.

VI

Mann, siehe Erfurt, Ansbach, Winnenden ...
und unter Wasser den gesamten Eisberg!
Desaster kommen meistens ziemlich leis' her
auf Irrwegen durch Dunst sich windenden.

Aus Dunkelheit und in die Finsternis,
von einer Eisbergspitze in die Sauna
geschleudert wird die Seele bis zum Trauma,
wie nach dem Crash mit einem Hindernis.

Und die Katharsis: Spiel. Das Taburett
wird eins mit dem Gesäß, als Nagelbrett
dient Händen darauf meditierenden

die Tastatur. Dabei mit jedem Schuss
sich nähernd dem verhängnisvollen Schluss,
Macht macht nur kurz dich zum Gewinnenden.

VII

Macht macht nur kurz dich zum Gewinnenden,
nicht lange währt auch stets gesuchter Spaß –
am Anfang, als noch halbleer jenes Fass,
nichts strafen kann den sich Besinnenden.

Was hilft es, über Gründe zu urteilen?
Der eine meint, der Spaß sei eben schuld,
der Leistungsdruck, mutmaßt der andre, „rult"
in der modernen Zeit, auf Geiz so geilen.

Wird jemals fruchten die Diskussion?
In Geistesabgründe Exkursion
stellt außer Schmerz kaum etwas in den Schein,

der Tristheit einer Untergrund-Toilette,
nun, mehr hat dieser Fluchtort nicht in petto,
ein Korn vom Wahren birgt die Nacht allein.

VIII

Ein Korn vom Wahren birgt die Nacht allein.
Endstation, abladen allen Schutt,
kaputter Körper frei von Alltagswut,
kaum tragbar werdend fürs todmüde Bein.

Die Pflanzen flüstern, atmet kalter Stein ...
Ein tiefer Graben in Form einer Nut,
Facettenauge der hufkranken Nut
wacht distanziert über das irdisch' Sein.

Wie lange mittlerweile du hier wohnst
unter dem Auge und des halben Monds
Spitzohr am Ende Regenbogens – grins!

Treu einer Firma namens Firmament,
derweil das Schicksal hängt am letzten Cent,
und ewig wird versklaven Zinseszins.

IX

Und ewig wird versklaven Zinseszins,
Unmöglichkeiten sucht er aufzubürden,
im Dschungel bürokratischer „Behürden"
jongliert man mit dem Sinn auf einem Sims.

Im Meinungsministerium, im Bad –
da fließt kein Wasser, aber 'ne Hirnseife
liegt stets bereit. Wir tanzen nach der Pfeife
von jemand, den es nie gegeben hat.

Die entpolitisierte Politik
verspricht, zu produzieren den Lichtblick
an Fließbändern bis zum Stimmbänderriss.

Doch sollten Jahre wieder werden fett –
ist Zufall, wie beim russischen Roulette
plötzlich das Klicken leeren Magazins.

X

Plötzlich das Klicken leeren Magazins,
die neue Wende (alte war viel schroffer),
ein Sohn im Zorn packt alles in den Koffer –
„Hofft ja nicht, dass ich euch per WhatsApp sims'!"

Nach Elternhaus erwartet ihn die Weite,
erwähnt schon im Sonette Nummer Acht:
Zur Existenz im Schlepptau dunkler Nacht
verbannt ist er auf Mondes dritte Seite,

dorthin, wo es nichts gibt und alles nimmt,
sie ist für jene Suchenden bestimmt
der Bruchstücke von dem gewissen Ganzen,

nach eines Kreises Quadratur. Doch nur
im Herz verb(r)annten wie Makulatur
zerbrechen alle Dolche, Schwerter, Lanzen.

XI

Zerbrechen alle Dolche, Schwerter, Lanzen,
und wird ein wahrer zum unwahren Eid,
451 Fahrenheit,
nicht Ritter nur seh'n Mondprotuberanzen.

In riesigen Sog von Photonenstrudeln
sie reißen mit Ungläubige und Fromme,
davon die einen wissen schon, was komme,
die andren einen Tunnel erst noch buddeln

Oh Seele, suchend deinen Heimathafen!
Und doch bloß nach der Nadel im Heuhaufen,
gelöster Schraube im Wust von Antrieben.

Obwohl dein Weg sich misst schon in Lichtjahren,
wie schaffst du es, den Glauben zu bewahren,
die stärkste Waffe ist die Kraft zu lieben?

XII

Die stärkste Waffe ist die Kraft zu lieben,
seht her, das Herz des Ritters – keines Königs –
kann aufersteh'n aus Asche als ein Phönix,
zu früh, gebt zu, habt ihr es abgeschrieben!

So schließt sich das Quadrat ... Pardon, der Kreis,
die Schraube findet sich, nur ohne Mutter,
verlorener Sohn kommt zurück zur Mutter,
vom Schnee der Sterne allerdings ganz weiß

und lahm vom Waten in des Himmels See ...
Doch warte mal, ist das denn wirklich Schnee?
Es schmilzt, oh ja, lässt aber sich nicht sieben.

Die Kerne einer Blume?! In Verbannung
sie waren täglich seine Manna-Nahrung,
doch nun von Fingern schwitzenden zerrieben.

XIII

Doch nun, von Fingern schwitzenden zerrieben
zu klebrigem Staub in den Taschen, Rost,
entschwinden Kerne wie die Flaschenpost,
in unerforschtes Schilfgebiet getrieben.

Des wohl nicht Existenten Zeugnisse,
Jenseitiges von dem Zweiseitigen ...
Die kleinen Dinge sind's, die zeitigen
das stets fernab aller Beäugnisse.

Schon sind sie überall, vermischt mit Schalen:
in Ozeanen, Raststätten von Walen,
in alten Werkhallen – dem Reich der Wanzen,

die hausen im Versteck, bis eine wagt es,
daraus zu geh'n. Sie endet eines Tages
im Lechzen nach dem Ködergift durchs Stanzen.

XIV

Im Lechzen nach dem Ködergift, durch(s) Stanzen
(stets in acht Versen) platt, bleibt nicht mal Grat,
als Hamster etwa, der noch (!) läuft im Rad
(doch würde je verspüren Lust zu tanzen?),

sieht er ein wenig mitgenommen aus.
Du magst dich fragen: „Wer?" – der Lyrikheld.
Von all den Plagen der modernen Welt
hat er die Nase voll, will nur nachhaus'.

So aus die Maus! Zu seinem stillen Grabe
man ihn in aller Heimlichkeit nun trage –
ein Fleck bloß, welchen man hiermit entferne.

Kein Frieden für ihn unter Efeuranken,
und stärkt nicht – weil zerstreut! – seine Gedanken
die letzte Hoffnung: Sternenblumenkerne.

MEISTERSONETT

Die letzte Hoffnung: Sternenblumenkerne
den Hungernden nie mehr ausgehen mögen.
Wir picken sie gleich ahnungslosen Vögeln,
den Dummen bleibt ein lebenslanges „Lerne!".

Das Fass ist schon randvoll, quillt über *Pein*,
dann: siehe Erfurt, Ansbach, Winnenden.
Macht macht nur kurz dich zum Gewinnenden,
ein Korn vom Wahren birgt die Nacht allein.

Und ewig wird versklaven Zinseszins ...
Plötzlich: das Klicken leeren Magazins,
Zerbrechen aller Dolche, Schwerter, Lanzen.

Die stärkste Waffe ist die Kraft zu lieben.
Doch nun, von Fingern schwitzenden zerrieben,
will flechten müder Stift den Schluss vom Kranze.

10/2009

Liebes ... totes Tagebuch

I

Ich schau' zurück auf zwei ungleiche Leben,
die Zeit ... sie schrumpft auf einen Augenblick,
die Nacht dem Tage atmet ins Genick,
im Himmelsschwarzblau schwere Wolken schweben.

Ich denk' zurück und warte auf ein Beben,
das mag durchdringen Wände, noch so dick,
wie seidene Gardinen, außen schick
und innen voll behängt mit Spinnenweben.

Durchs Fenster der Erinnerung ins schief
errichtete Gebäude – mein Gedächtnis –
will ich einbrechen einem Diebe gleich.

Um zu ergründen nur, ob der, der schlief,
und der, der schläft lang' nach des Ersten Nächtnis,
sind ein und Selbes in der Träume Reich.

II

Sind ein und Selbes in der Träume Reich,
wo kennt des Träumers Seele keine Hürden,
das Land, das ich mit elf verlassen für den
Geschmack des Westens, damals noch so reich,

und mein Zuhause jetzt, nicht mal am Teich?
Was immer Realisten sagen würden –
es geht nicht um des wahren Lebens Bürden
bei diesem doch recht schwierigen Vergleich.

Die späte Stund' ist gut für jede Story,
in aller Stille nimmt sie ihren Lauf,
solange Augenlider sich noch heben.

So alle Lichter aus und Vorhang ... sorry,
Gardinen, jene voller Spinnen, auf!
Wo sie dank Staub inzwischen sich verkleben.

III

Wo sie dank Staub inzwischen sich verkleben –
noch blanke Seiten meines Tagebuchs,
der Wüste gleich, in der mit einem Luchs
ein wilder Mönch mal rang ums Überleben,

gilt es nun, neuen Stoff dazu zu weben
wie an den Saum des Pionierhalstuchs
Tierblutgetränktes. Das bedarf 'nes Fluchs
so starken wie aus vielen Zauberstäben.

Doch ist's nur einer und kein Stab – ein Stift!
Der dieses Blanke füllt mit Tinte – blauer!
Mal überschwemmend wie ein Fluss den Deich,

mal so, dass man sich gern hat eingeschifft –
das war zuletzt, und zwar von langer Dauer,
die Zeit erlaubte sich da einen Streich.

IV

Die Zeit erlaubte sich da einen Streich,
all diese Jahre kam's mir vor, als läge
der letzte meiner Tagebucheinträge
erst einen Tag zurück, in dem Bereich

des Geistes, welchen ich noch leicht erreich'
mit den Gedanken, doch die werden träge,
weich werden selbst die Zähne einer Säge,
die Schrift, die strahlte einst, nun schimmert bleich.

Ja, ja, die Zeit. Im Jahre '92
die Aussiedlung viel übern Haufen warf,
das gute Schreiben regelrecht ausknockte.

Vorausgesetzt, es wäre nur ein „Pointsieg",
im Mund noch alle Zähne, hart und scharf,
wie ginge's weiter, als ob es nie stockte?

V

Wie ginge's weiter, als ob es nie stockte?
Als wär' der Lebenslauf durch keinen Strich
gespalten in zwei Hälften: Ich und Ich.
Das eine frei im Meer, das angedockte –

mein andres Ich, das selten kindisch bockte,
kein Leid zufügte selbst dem kleinsten Viech,
wie zwischen Seiten 'n Blatt vom Wegerich
nahm ich es mit nach Deutschland, das uns lockte.

Hier ist es dann zur vollen Pracht erblüht,
doch eine Blüte ist noch keine Blume,
und sonst ist dies die wahre Storyline.

Beim ersten Ich zu bleiben, bin bemüht,
obschon die Wahrheit liegt wohl in der Summe,
„Was wäre, wenn" interessiert allein.

VI

„Was wäre, wenn" interessiert allein,
die Frage, was vielleicht aus mir geworden
nur wäre, hätte ich kurz vor dem Boarden
des Flugs von Moskau nach Frankfurt am Main

gekriegt ein weiches Knie, ein starres Bein
wie frommer Killer vor geplantem Morden.
Ich wär' geblieben, klar, im kalten Norden –
dort, wo für Europäer mag er sein.

In Kasachstan – Nord-, wohlgemerkt – der Winter,
oh ja, ist öfters strenger als gedacht
(die Sommerglut da viele Gäste schockte).

Deswegen eher einen Skilauf-Sprinter
das Land, wenn Zeiten gut, hervorgebracht,
statt eines Nerds, der gern zuhause hockte.

VII

Statt eines Nerds, der gern zuhause hockte
am Joystick, als ob steuernd einen Kran,
schwebt vor mir so ein junger Veteran
der Straßenkriege. Und auch er gern zockte.

Jedoch in Clubs, wo es am Abend rockte.
Hier traf man ihn inmitten von zehn Mann
fast als die rechte Hand vom „Ataman"
um Summen spielend stetig aufgestockte.

Gelebt gefährlich, starb man meistens jung,
doch dieser „Hofheld" in dem langen Mantel
trotz Kopfgeld, angesetzt auf ihn, hat Schwein.

Wie hat er es geschafft zu solchem Schwung,
mit dem er jeden Morgen stemmt die Hantel?
Den echten Heros bilde ich mir ein.

VIII

Den echten Heros bilde ich mir ein,
manifestierend manche Stereo-Typen,
die doch so monoton sind wie beim Schippen
das Scharren der Schneeschaufel über Stein.

... Dort räumte man den Schnee nicht, war er rein
von Pest, Asbest, Amöben und Polypen,
wir Kinder mochten es, an ihm zu nippen
wie Jahre später an betagtem Wein.

Dem einen Alkohol, dem andren heißes
Verliebtseinsfeuer gutes Mittel, kurz
des Glückes Gast zu sein, und Schutz vor Kälte.

Ich fühl' mich frei, wenn ich lauf' über weißes
Noch-Ödland, Spur um Spur, Sturz über Sturz,
vorbei an Häusern, die kaum mehr als Zelte.

IX

Vorbei an Häusern, die kaum mehr als Zelte,
durch hoher Plattenbauten Labyrinth,
entlang der Straßen, wo Tauwetter rinnt
ins Holzherz dicker Pappeln, die man fällte,

die weinen wie manch unerkannt beseelte
Müllsachen in Schubfächern, wo es spinnt,
auf dunklen Dächern, wo man sitzt und sinnt
die Rache an dem Schicksal, das so quälte,

fliegt Kindheit, flicht Adoleszenz, vielleicht
bereits vorm Alter wie vor einer Akne,
die spangenfest die Wangen hat im Griff.

21

Doch fliegt sie federleicht und fällt sie seicht –
ein freudig' Schnitt in Torte selbst geback'ne,
ein einzig' Lied - der Steppenwind es pfiff.

X

Ein einzig' Lied der Steppenwind *stets* pfiff,
die Melodie – Herbarium aus Noten,
wie ein Lepidopterium der Motten
so farbenfroh, Gesang – ein Inbegriff

des Melancholischen, und jedes Riff –
das hungrige Geheule des Kojoten ...
vielmehr des andren Raubtiers auf zwei Pfoten
im Menschenheim, aus dem es nur weglief.

Von ihm der Text des Steppenliedes handelt –
der bloß noch nicht verewigt auf Papier,
und scheint es, immer schöner klafft die Lücke.

Von dem, der in den Träumen Windes wandelt,
baut Freiheit dort wie braut ein Elixier,
wie ans zeitlose Ufer eine Brücke.

XI

Wie ans zeitlose Ufer eine Brücke
zerfällt unter des Momentanen Last,
verlor mein Schiff sein Segel samt dem Mast,
der Sturm selbst Regenbögen riss in Stücke.

Nun: weder ... noch. Der Sonne selt'ne Schlücke,
des Regens bloß ein Film, und angepasst
ist alles bis zum Filmriss. Glaub' ich fast,
genau so was katapultiert zum Glücke ...

Der Selbstverleugnung mutiger Versuch –
Beschwörungsformel für die spitze Feder.
Stich in die Vene. Schmerz! Nostalgisch tief.

Szene für Szene blutet Tagebuch ...
„Befülle mich, zerlieb mich und zerschredder!",
von weit weg etwas (ich selbst?) mir zurief.

XII

Von weit weg etwas ich selbst mir zurief
und sah beim Übergang des Filmes-Flusses
die Bilder-Wellen ... Zeitspuren des Rußes
und roch beinahe Russlands alten Mief.

... Wie ein Zehntklässler nach den Sternen griff,
im Wald, danach im Wrack des Trolleybusses
die Abschlussfeier, Frust des ersten Kusses
und Freud', als endlich hat man raus den Kniff.

Je weiter, desto wilder die Idylle,
es zog wie Blut ... Magnet die Nadel an,
zur Flugplatz-Startbahn wurde fast die Brücke.

Nun bin ich drüben, eins aus zwei, nur schiele,
verwechsle Neid mit Mitleid, „wenn" mit „dann",
der Lohn des Rückwärtslaufens ist die Krücke.

XIII

Der Lohn des Rückwärtslaufens ist die Krücke,
der Zukunft sowieso läufst nicht davon,
ein Augenblick in jeder Vision
ist auf der Lauer eine stille Mücke –

im Nu ein Elefant, sobald ich drücke
den Knopf des „Wie ich's besser mach'" auf ON,
der deppensicher leuchtet rot wie Mohn,
stets lockend sturen Stier, dass der ihn pflücke.

Ob Steppenwolf, ein Großmeister der Tücke,
golfspielend' Family Guy mit Frau und Sohn –
es kam *und* käm' nicht, wie ich's mir vorstellte.

Der Fluss mich wie verlorene Perücke
gespült. Der Film, gespult, (wie ein Stück Ton)
brach plötzlich ab. (Als ob es immer fehlte.)

XIV

Brach plötzlich ab, als ob es immer fehlte,
ein kleines Tonstück also von dem Krug,
riss sich selbst raus, als hätte sie genug,
im Tagebuch die Seite auserwählte.

Und Klarheit dann von innen mich erhellte:
So wie jetzt alles ist, ist es nur klug,
Herz schmerzt sich frei beim Nostalgieentzug.
Mein Tagebuch zum Abfall sich gesellte …

Zwei Länder, zwischen ihnen eine Grube,
und alles ändert sich, wird ausgefeilt,
nur nicht, was tief in dir – das ist es eben!

Wie immer hockend in der kalten Stube –
der Tag der Nacht mit Windesflug enteilt –,
ich schau' zurück auf zwei ungleiche Leben.

MEISTERSONETT

Ich schau' zurück auf zwei ungleiche Leben,
sind ein und Selbes in der Träume Reich,
wo sie dank Staub inzwischen sich verkleben,
die Zeit erlaubte sich da einen Streich.

Wie ginge's weiter, als ob es nie stockte?
„Was wäre, wenn" interessiert allein.
Statt eines Nerds, der gern zuhause hockte,
den echten Heros bilde ich mir ein.

Vorbei an Häusern, die kaum mehr als Zelte,
ein einzig' Lied der Steppenwind stets pfiff –
wie ans zeitlose Ufer eine Brücke.

Von weit weg etwas (ich selbst?) mir zurief:
„Der Lohn des Rückwärtslaufens ist die Krücke!"
... brach plötzlich ab, als ob es immer fehlte.

5/2013

Allein gegen das Milieu

I

Gib auf, sonst wirst noch eines Tages siegen!
Du kannst die Welt verbessern, dich und mich,
selbst deinen Gott, der pantherartig schlich
aus weißem Tempel, wo sich Balken biegen.

Doch das Milieu, in dessen Netz sich wiegen
all off'ne Rechnungen als langer Strich,
all off'ne Türen und wie Gold verblich'-
ner Träumereien tote grüne Fliegen,

dies dein Milieu verändern kannst du nicht.
Du führst das Tagebuch der Anne Frank,
akribisch, abstinent, ein Schatten kriecht

vom Schreibtisch bis zum Sterbebett, jahrzehnte-
lang sind erkaltet/-kältet die Momente,
schreib dich für neunundvierzig Jahre krank!

II

Schreib dich für neunundvierzig Jahre krank,
solange man dich ködert mit der Rente!
Konsumwurm frisst sich durch zum letzten Cente,
obwohl das Münzchen einst im Klo versank

wie die Zutat Z in dem Zaubertrank,
der Freiheit dir verheißt, so oft erwähnte –
doch wer auf dies Rezept besitzt Patente?
Verschallen sie in welcher Datenbank?

Die Scheinzufriedenheit, sie drückt, sie würgt,
des Ungesagten Brechreiz schürt den Zank
der hundert Ichs, die deine Seele birgt.

Du suchst darunter *dich*, doch bloß Nachahmer
sich tummeln wild in diesem Viel-Akt-Drama,
als Aktenordner eh verwelkst im Schrank.

III

Als Aktenordner eh verwelkst im Schrank,
kaum stolzer als Toilettenpapierrolle,
die sinnlos frisch wie Neuschnee, zart wie Wolle,
mit Abreißblättern, welche bleiben blank.

Ein Schweigen schaffst du, so der hohlste Schwank
aus einem Plappermaul genießt die volle
Aufmerksamkeit, es suhlt sich in der Rolle
und fühlt sich nicht verpflichtet dir zu Dank.

Es scheint, in deinem ungelebten Ringen
verpasst du keuchend jede Art von Zügen,
und wenn doch nicht, bist ewig am Abspringen.

Gefesselt an den Selbstmord mit 'nem Schwur,
verherrlichst die Sofort-Makulatur,
sortiert, geheftet ... voll gedruckt mit Lügen.

IV

Sortiert, geheftet ... voll gedruckt mit Lügen,
ist die Gesellschaft an sich kontrovers,
will rücksichtslos perfekt sein, wer pervers
das fremde Leid dahinstellt als Vergnügen.

Und jede Laus soll sich in sie einfügen,
sei's wie in heiligen Text Satans Vers,
beim Leichenschmaus den Sekt ja nicht invers
aufn Esstisch von sich geben – *leise* würgen.

Im Kommen bleibt der alte Kommunist,
die Äcker gilt's gemeinsam umzupflügen.
Ergreif Partei! Zur Party komm! Und ist

das Komaackern nicht ein Ideal,
in dessen leer'nden Licht wirkt irreal
dein Kampf, dein Kapital an Worten klugen?

V

Dein Kampf, dein Kapital an Worten klugen
ging leider nicht mal durch als schizophren.
Bewerbereien selbst um den Job, den
sonst niemand will, sah man gleich Selbstbetrügen.

Die Nächte sprachen so zu dir, als schlügen
in deinen Ohren Uhren des Big Ben –
von keinem sonst gehört, nicht in Top Ten,
die dazu da, sich damit zu begnügen.

Wann Biere schlichten Geist verdient umdünsten,
gewürzte Strömungen aus jeder Schank,
sich immer mehr entfernend von den Künsten,

will Feierabend mit der Schmach dich krönen,
denselben scheinbar mit Elan zu frönen,
nur Kalk da mittropft aus dem Loch im Tank.

VI

Nur Kalk, der mittropft aus dem Loch im Tank,
nur Schimmel, der mitblüht auf neuen Wänden,
nur Spam, den Freundesmassen dir mitsenden,
nur Geldbeutel, der mit Diät wird schlank.

Nur Ehebeben mit des Hauses Wank,
nur Gräue, mitgekriegt auf Klinikstränden,
nur Konkurrenz, die mitläuft wegen Spenden,
nur Spießer, die bemitleiden den Punk.

Nur dieses so realitätsvernarrte,
zum reiner Dekoration Gerank
an einst 'ner Mauer dem Phantom erstarrte,

von wegen interaktionale Heute!
Obgleich zum Aas lässt werden treue Beute,
verstopfte Nasen trifft kaum sein Gestank.

VII

Verstopfte Nasen trifft kaum ein Gestank
in Höhenluft des Andersseins, sie rümpfen
sich nicht, wenn tauchen knapp auf aus den Sümpfen
des Alltags. Schillernde Korallenbank

darin nicht findend, sich dein Haupt betrank
mit dieser dünnen Dichte, voll von Trümpfen
die Ärmel, während in Thrombosestrümpfen
die Beine, die – gleich, gleich! – erreicht der Drank.

Und sie? Respekt (gar Stolz?) vorzeigend, lachen
sie heimlich aus dein naseweises Fliegen,
Sieh! Unten warten aufgesperrte Rachen.

Die Krokodile seh'n dich gern zerfleischt,
als würde laut deine OP geheischt,
so oder so – sie werden dich schon kriegen.

VIII

So oder so – sie werden dich schon kriegen.
Die (Schreib)Feder zum Reißen angespannt,
die Schlachtfelder sind alle überrannt,
und nur der Rückzug bliebe, wie von Kriegen,

so auch von Opfern, welche dort noch liegen,
ihr Nicht-verenden-Wollen eingebrannt
in dein Gerissen-Werden und Verbannt-
wie Maske ins Gesicht nach langem Schmiegen.

Dein letzter Trumpf: Triumph der Feinde. Sie
sind klar die Mehrheit, doch ihre Attacken –
im Grunde Märchen ohne Fantasie.

Dorthin, wo die Geduld mit Früchten regnend,
als Kind ganzer Infanterie begegnend,
flieg auf mit deinen infantilsten Macken!

IX

Flieg auf mit deinen infantilsten Macken
wie starken Schwächen! Prüder Datengeiz
und Abseitsregel – wo liegt da der Reiz?
... Darin, zu tragen umgestülpt Zwangsjacken!

„So steckt mich in Kloaken und Baracken,
ins Kloster ... und bar jeglichen Geleits,
dort hinter Barrikaden bin bereits!
Musik? Wie rhythmisch die Gelenke knacken!

Schriftstellerei? Geritzte Haut. Und Kino –
mir meine Augeninnerei. Ein Fest
der Sinne steigt, da schwingt jedes Neutrino,

bis dass nicht alles Sein verkommt zu Sport."
Nun geh hier fort zu deinem wahren Hort!
Gleich einem Kiwi aus dem Kuckucksnest.

X

Gleich einem Kiwi aus dem Kuckucksnest
man geht, wohin man nun gehört. Sie stutzen
ihr Baumaterial – die Zweige, putzen
ihr Schaumaterial – Gefieder, fest

und immer wieder weigern sich, mit'm Rest
von Happening den Happen zu beschmutzen,
wie oft den Lappen musstest du benutzen
beim Tappen hoch auf den Mount Everest!

Es ist vollbracht. Mach auf den Mund und ... nies
es raus mitsamt den Schleichvererbung-Schlacken!
Kotz raus das Parasiten-Paradies!

Das, brüllend, buhlend, jetzt vor allem buhend,
brandstiftet – was vielleicht durchaus wohltuend –
die Missgunst in des Misanthropen Nacken.

XI

Die Missgunst in des Misanthropen Nacken –
wie Akupunkturnadeln fast, du lullst
hier in der Schwüle dich, gleichwohl am Schwulst
der Ansprachen mit voll genomm'nen Backen:

„Oh, Miss, Kunst hat dich wohl zu der gebacken,
du frisches Törtchen ..." (Mit unschönem Wulst.
Zum siebten Male bald du schon so nullst.)
„... ein Fresko male mir mit Nagellacken!"

„Oh, Mister, du dagegen bist liiert
mit der Literatur ..." (Ist es Inzest?
Ein Monster, ähnlich dir, wurde kreiert.)

„... schreib mir bloß keine Fabel, sondern Fibel!"
Zu sagen bleibt: ... letztendlich von der Fibel
selbst wenn du aufgespießt, bereits verwest.

XII

Selbst wenn du, aufgespießt, bereits verwest,
dabei sein alles ist! Als Kopftrophäe,
auf der wie eine Krone prangt die Krähe –
erweist die Ehre dir der Doc der Pest.

Sein Schnabel und dein Schädel: Dicketest.
Ergebnis: Du liegst nicht mal in der Nähe
von dem, der sitzt so, als ob er aufsähe
zu dem, der steht und steht auf dem Podest.

Und trotzdem willst dich setzen, feine Finger
gleich unters Kinn – den Kopf vor dem Einsacken
zu sichern aus der Höhe ... so geringer.

Die Intellektualität – der Show
nur weit're Varietät. Da floppt der Flow.
Steh auf, und sei's, die Sachen schnell zu packen!

XIII

Steh auf, und sei's, die Sachen schnell zu packen!
Die Stühle bleiben sauber aufgereiht,
das Schaben eines davon kaum entweiht
die Stimmung, sprühend seicht vor Schabernacken.

Enttäuschung will noch feiner dich zerhacken –
in Schaben, welche nicht mehr abgeseiht
durch Umwelt werden können, sie verzeiht
nur auf Papier ein Leben in Zickzacken.

Des Kopfes Kuppel, Baumwurzeln der Füße,
doch wo jetzt Nord und Ost und Süd und West?
Am Buß- und Bettag sind zu Bett die Busse

in Schwerelosigkeit, wo ein Milieu
gibt's gar nicht, denn gab's nur in dir. Adieu,
mein Freund! Ich sage niemand, dass du gehst.

XIV

Mein Freund, ich sage niemand, dass du gehst,
dem Schwur Folge zu leisten. Dich zur Gänze
ich streiche durch, und keine Trauerkränze
man dir mitbringt, im Tränenbach genässt ...

Doch fühle ich, du bist noch in Arrest
auf dieser Welt! Verfließen deine Lenze
dem Band gleich, wo du stehst, treibst an die Grenze
den Körper, ohne Kopf, entleert, gestresst ...

Das ist der echte Flow! Mag sein, die Fesseln
der Gene unverhofft sind sehr gediegen,
in Riegen Gleichgesinnter soll es kesseln!

Wenn kein Schweiß, auch kein Tod, die Weste weiß,
doch diesen wie auch den Proteste-Scheiß
gib auf, sonst wirst noch eines Tages siegen!

MEISTERSONETT

Gib auf, sonst wirst noch eines Tages siegen!
Schreib dich für neunundvierzig Jahre krank!
Als Aktenordner eh verwelkst im Schrank,
sortiert, geheftet ... voll gedruckt mit Lügen.

Dein Kampf, dein Kapital an Worten klugen –
nur Kalk, der mittropft aus dem Loch im Tank,
verstopfte Nasen trifft kaum sein Gestank,
so oder so – sie werden dich schon kriegen.

Flieg auf mit deinen infantilsten Macken
gleich einem Kiwi aus dem Kuckucksnest,
die Missgunst in des Misanthropen Nacken!

Selbst wenn du, aufgespießt, bereits verwest,
steh auf, und sei's, die Sachen schnell zu packen!
Mein Freund, ich sage niemand, dass du gehst.

8/2015

An einem Schneckentag

I

Es will das Herz mit Flügeln schwingen,
denn erst im Flug lebt auf es jäh ...
und tut dann plötzlich nicht mehr weh,
was mag solch einem bloß gelingen!

Verloren ich im Regen steh',
verfolgt von namenlosen Dingen,
nicht leicht, die Seele auszuwringen,
das Wasser fließet viel zu zäh.

Doch Herz und Seele fürchten nicht
den Donner und das blaue Licht,
entsandt mit dem Gewitterblitze.

Nur Mut! Und alles rückt ins Lot.
Dein Traum, darin bin ich Pilot,
ein Deltasegler ohne Sitze.

II

Mein Deltasegler ohne Sitze
des Felshangs streichelt grünen Bart –
ich wag' den Start, genug verharrt,
genug ertragen Herzenshitze!

Und so bleibt ihnen der Selbstgroll,
gegen den Schmerz Vergessensspritze,
von wegen „Amor – guter Schütze"!
Wie wissen, ob die Erde hohl?

In deiner Welt ist sie gar flach,
wo endet ein furchtloser Bach,
ins Nichts einst unsre Füße hingen.

Du rauntest: „Nie mein Herz wird deins,
denn müde des Gefangenseins
wird es dem Käfig sich entringen."

VI

Wird es dem Käfig sich entringen,
dem zitternden in schwacher Brust,
Geständnis mein, erhaucht mit Lust,
gemeinsam Träume zu verbringen?

Dort, wo vom ständigen Verlust
wir kurz mal in den Urlaub gingen ...
Doch sind's nur Floskeln, sie verklingen,
die du von mir ertragen musst.

Ich flog, ich floh, ich fror im Zelt,
bis an den Anfang dieser Welt,
dann meine Flügel sich verfingen

in holder Hoffnungen Gestrüpp,
das kleingedruckte „Nicht mein Typ!"
wollt' nicht zum Innersten vordringen.

VII

Wollt nicht zum Innersten vordringen
des fein umrankten Feindgebiets
mit rotem Efeu, zart wie Splits?
Trotz solchen Widerstands geringen?

Soldaten, ihr seid noch wie Kids!
Doch die Gedanken, stets im Ringen
mit den Gefühlen, bloß vorbringen:
„Die Flamme ist verzehrt, dort zieht's!"

Und ich als Märtyrer der Schlacht
entscheide für mich sachlich-sacht:
Gewinnen soll, wer – ohne Witze! –

es nicht gewagt, wer mied den Kampf.
Statt Strom und Glut entspringt nur Dampf
der glimmenden noch Liebeslitze.

VIII

Verglimmender nun Liebeslitze,
steinwerdendem Pralinenschmelz,
dem edlen, teuren, toten Pelz,
in dem mit Gänsehaut ich schwitze,

gleicht mein Aufgeben – mir gefällt's!
Wie einem Städter täglich Grütze,
Frischmilchgenuss gleich aus der Zitze,
die Sommernächte im Gehölz.

Und meine Ruhe niemand wecke!
Die Ewigkeit macht mich zur Schnecke,
als gürte etwas mich spiral.

Ist dies vor oder nach dem Stürmen?
Von hohlen Stolzes hohen Türmen
war arg versperrt der Blick ins All.

IX

War arg versperrt der Blick ins All
vom Drangsal irdischer Gelüste.
Sind sie noch stark? Nicht dass ich wüsste!
Schwer- wird zum Hochmut *nach* dem Fall.

Ich geh' hinauf die lange Piste
und lass' zurück das Tränental,
tanz' Walzer wie auf einem Ball
mit der Schneewalze, die mich küsste.

Gefühle! Ihr noch nicht Geschlüpften!
Ihr seid die Sterne hingetupften
auf Schöpfers dunklen Overall.

Was kaum mehr als ein erstes Regen,
kommt dann als ein Sternschnuppenregen,
es überwindet jeden Wall.

X

Es überwindet jeden Wall
und jeden Abgrund des Reglosen,
mein Herz will tollen, toben, tosen,
als atme es zum letzten Mal.

Es hat durchschaut all meine Posen,
klopft wie ein Specht, wie Nachtigall
zersingt nun zum Glasperlenschwall
dein Fenster, vor dem statt der Rosen

mit diesem Vogel in der Faust
knie ich, der all die Zeit gehaust
als deines Traums verhärmter Wächter.

Tritt vor, sieh meine Brust, die klafft!
Hier bin ich, denn ich hab's geschafft –
trotz allseits höhnendem Gelächter.

XI

Trotz allseits höhnendem Gelächter –
„Der ist so schüchtern, ungeschickt!" –
hab ich auf deinen Tanz geblickt
und war der eignen Seele Schlächter.

44

Seit damals etwas in mir tickt
und zuckt und sticht, und mir ging's schlechter
denn je mit diesem inn'ren Fechter,
dein Blick, er lächelt mich verrückt.

Ich bin bereit, still zu verdorren
vor deines Paradieses Toren –
und sollt' ich drinnen schmoren bloß.

Des Rechtes wegen zu verführen,
des Glückes wegen zu berühren.
Vor Liebe flennen ist mein Los.

XII

Im Leid erkennen ist mein Los,
an Früchten der Erkenntnis leiden.
Doch lass' ich – ihr könnt mich vereiden! –
die Leinen aus Prinzip nicht los.

Und nur du kannst sie prompt durchschneiden
für immer. Dies drückt wie ein Kloß
im Hals, zugleich mich hoch zu Ross
entrückt. Oh, lass mich daran weiden!

Der Augenblick, den nur wir teilen,
ist mystisch trüb – wie mein Abseilen
in heiklen Rausch von deinem Schoß.

Ein Schmetterling ... So schwer ergattert!
Wir halten uns, von ihm umflattert,
und fliegen steil zum Himmelsschloss.

XIII

Und fliegen steil zum Himmelsschloss
all die Gedanken, einst wie Bretter
vor meinem Kopf, nun Blütenblätter
in warmer Brise, schwerelos.

Oh Träume, ihr seid Wunderretter
in jeder Krise, klein und groß!
Man ist ein kühner Albatros,
der lächelt übers schlimmste Wetter ...

Doch unerbittlich das Geläut,
das alle Sehnsüchte zerstreut,
gibt's etwas, das noch ungerechter?

Dein Fehlen nimmt mir jeden Sinn,
der Lebensflucht geb' ich mich hin,
dem Freiheitsdrang. Und nichts ist echter.

XIV

Der Freiheitsdrang! Und nichts ist echter.
Auch keine noch so große Tat
ist unbedingt. Der klügste Rat
macht niemanden zum Wahrheitspächter.

Die Liebe übt uns im Spagat
von seiner Wünsche noblem Knechter
zu ungehemmtem Selbstverächter,
dem die Erfüllung ein Verrat.

Wie oft auch schon ihr Engel fiel
nach höh'rer Regel in dem Spiel,
wo Schmerz und Wachstum sich bedingen,

mich manchmal weckt sein schöner Lob-
gesang, und mir scheint so, als ob
es will das Herz mit Flügeln schwingen.

MEISTERSONETT

Es will das Herz mit Flügeln schwingen –
ein Deltasegler ohne Sitze,
mit *schnellem Schlag* wie *heißer* Mütze
versucht's, die Kälte zu bezwingen.

Als etwas, das ich nicht besitze,
will es dem Käfig sich entringen,
wollt' nicht zum Innersten vordringen,
verglimmender nun Liebeslitze.

Wie auch versperrt der Blick ins All,
es überwindet jeden Wall
trotz allseits höhnendem Gelächter.

Im *Leibe brennen* ist *sein* Los ...
und fliegen steil zum Himmelsschloss –
der Freiheitsdrang! Und nichts ist echter.

5/2014

Leben und Tod von Godehard Drachenhund

I

So wie du gingst, so kommst du wieder her,
zerbrechlich, winzig wie ein Blatt im Winde,
und aller Welt Glück liegt in diesem Kinde,
sagt man und meint, du seist noch „nirgendwer".

In dir die Welt, vor dir der Wege Meer
(wo jeder zweite sei ein Weg der Sünde),
so jeder Fluss in einen andren münde,
doch jener ist er selbst und sonst nichts mehr.

Zum ersten Mal hast du das Licht erblickt,
von einem Stern, der Sonne heißt, geschickt,
das Glück der Eltern, Lächeln der Hebamme.

Gott geizte nicht mit Leben, Raum und Zeit,
erfreu dich an der Dinge Einfachheit!
Noch bist ein Funken nur, noch keine Flamme.

II

Noch bist ein Funken nur, noch keine Flamme,
ein kleiner Junge mit dem blonden Schopf,
doch weißt schon, durchzusetzen deinen Kopf,
man meint, der Apfel fällt nicht weit vom Stamme.

Die Sintflut lodert hungrig vor dem Damme,
der Finger trachtet nach dem roten Knopf,
zu werfen alles in den Abfalltopf ...
und du holst täglich eine neue Schramme.

Wer braucht schon heute eine Weltarena?
Die Ego-Shooter-Spiele sind der Renner.
Als Einziger du merktest weder Speer

noch Stein, zuerst geworfen, in den Augen,
so konntest bloß als Straße etwas taugen,
bald hülltest du dein Herz in schwarzen Teer.

III

Bald hülltest du dein Herz in schwarzen Teer
und wurdest jemand einer andren Sorte,
dein Geist fand Ruh' im Feuerwerk der Worte,
dein Gästebuch jedoch blieb ziemlich leer.

Dann warst du ausgebrannt, die Last war schwer,
und, gleich vergess'ner Kerze auf der Torte,
auch durchgebrannt, um dich eine Eskorte
aus Schuldgefühlen, wie die Feuerwehr.

Der Fluch, zu sein für immer auf der Flucht,
ist Überlebenstrieb und keine Sucht,
kein böser Zufall, ähnlich der Pik-Dame.

Die Suche ist nicht hier und jetzt, sie *ist*,
seitdem das All sich selbst sein Buch vorliest,
in dessen Weiß geschrieben stand ein Name.

IV

Indessen weiß geschrieben stand ein Name,
ein klitzekleines Komma – ein Komet,
dann die drei Worte und ein Punkt – Planet,
sie alle blickten darauf mit Ausnahme

der einen, die bar jeglicher Teilnahme
im Klassenzimmereck schrieb ein Sonett,
ihr warst du kein Poet, vielmehr Prolet,
dein Tafeltext ging da schon ins Infame.

Was eines Nachts, so schlaflos, sich auftürmte,
bald wie die Jugend selbst vorüber stürmte,
ließ schlittern, schließlich stieß auf schiefe Bahn.

Es gab mal eine Zeit, da dachtest ständig:
„Wonach es mich verlangt, ist noch lebendig,
Christina, in dir wie ein Ozean."

V

„Christina, in dir, wie ein Ozean
gebiert die wundervollsten Kreaturen,
trotzt nimmermüde Seele den Torturen
des Schaffens – steckt dahinter Gottes Plan? –

und des Vernichtens, wenn befällt der Wahn.
Doch ich gehör' nicht zu Museumsnaturen,
hör' statt der Muse Amors Pfeile surren,
in deinen stillen Wassern sinkt mein Kahn."

Umsonst die Frau der Träume nachgeahmt,
naiv der Vers, der deiner Hand entstammt,
war all das nicht ein Kampf mit den Windmühlen?

Am Herd jetzt eine Maus, kein Schein vom Mond,
dein Herz – ein Haus, Welt ohne Horizont,
aus meistens unerwiderten Gefühlen.

VI

Aus meistens unerwiderten Gefühlen
heraus gelingt kein lustiges Gedicht,
wenn der Gedanke schon ans Fühlen sticht
voll Schmerz, benötigt man wohl hundert Hüllen

und tausend Tränen, spurlos wegzuspülen
das einstmals Durchgemachte vom Gesicht.
Und hinterm Gitter, ohne klare Sicht,
da konntest lange noch im Wandputz wühlen.

Ob das Verlangen ward dir zum Verbrechen?
Welch Frevel sonst? Noch immer spürst du stechen
merkwürdiger Gerechtigkeit den Zahn.

So wolltest du, wenn jemanden bloß hättest,
und wär' es Gott, zu dem du täglich betest,
den fragen nach „Weswegen nur" und Wann.

VII

Den Fragen nach „Weswegen nur?" und „Wann?"
begabst du innerlich dich auf die Reise,
wie hinter einem Zug her, gleich 'nem Greise
vom Leid gebeugt, obwohl noch junger Mann.

Weswegen nur fängt man gefeiert an
und stellt zum Schluss fest, man ist eine Waise?
Wann kommt in Sicht der Treffpunkt aller Gleise?
Ob steht dort die verpasste Eisenbahn?

Tradition und Innovation,
die Wissenschaft und die Religion,
schwer hat es, wer sitzt zwischen den zwei Stühlen.

Die Reise nicht, die *Rast* hast du bereut,
wer sich vor Sternenkälte nie gescheut,
erwärmt sich nachts, um morgens abzukühlen.

VIII

Erwärmt sich nachts, um morgens abzukühlen,
in einsamer Berghütte der Kamin,
hier warst du frei, du lebtest wie ein Dschinn,
dann kamen sie, die Flasche abzufüllen.

Akute Luftnot lässt dich nicht mal brüllen,
in deiner Kehle siecht ein Schrei dahin,
Papier brennt langsam, bleibt der sechste Sinn,
falls ohne ihn, dann schlicht zum Müll zerknüllen.

Ach, dieser stete Drang, erhört zu werden!
Als gebe es kein andres Ziel auf Erden –
dem Herdentrieb abschwören für den Ruhm.

Dass es bedurfte eines kleinen Stoßes,
zu stürzen aus dem Sattel hohen Rosses,
das war vielleicht vom Schicksal gar nicht dumm.

IX

Das war vielleicht vom Schicksal gar nicht dumm,
dir einen Hinweis „Sackgasse!" zu senden,
auf einmal warst du im Begriff zu wenden,
wo Pfad so grad war wie Banane krumm.

Fast vierzig lange Jahre praktisch stumm,
nun gab es keine Zeit mehr zu verschwenden,
weil des Natürlichen einst reiche Spenden
aufhörten, blieb des Künstlichen Konsum.

Den Pfad zurück stiegst du hinab ins Tal,
wo Feuer Rauch ist und Musik ist Schall,
gedachtest, unter Menschen dich zu mischen,

egal, als welches nie vermisste Tier,
viel wichtiger, dass man bereit war, dir
nicht Kaviar, doch Salzbrot aufzutischen.

X

Nicht Kaviar, doch Salzbrot aufzutischen,
nicht am Klavier, stattdessen mit dem Gong
sich zu versuchen an komplexem Song,
verlangt das Karma wohl von dem, der zwischen

den Straußen und den Süßwasserhaifischen
sich mausert, stets sich duckend wie Vietcong,
und nutzt ihn als das Bällchen beim Ping Pong
an scheinbar ungleich aufgeteilten Tischen.

Warst du denn nicht schon immer unauffällig?
Doch sage, was macht plötzlich dich so selig?
Glück scheint zu sein dein ganzes Eigentum.

Manch einer es dir ganz von Herzen gönnte,
manch anderer sich nur mit dir versöhnte,
weil dachte wohl: „Bald ist es eh herum."

XI

Weil dachte wohl: „Bald ist es eh herum",
so machte Gott auch keine Frau teilhabend
an deinem Leben, besser, dessen Abend,
der – denkste! – sich hinzog wie ein Kaugumm' ...

was oft der Fall bei einem Praktikum.
An vielerlei Erfahrungen sich labend,
kamst du zuletzt ans Ziel, die Kurve schabend,
du seufztest tief. Was nun folgt, ist posthum:

Wenn du erkennst, wie mehrmals schon zuvor,
ein kleines Licht, ein unsichtbares Tor,
hörst du den Ruf: „Lass da, was dir war teuer!"

Nicht „haben", „sein" war dein Beschluss, so sei!
Mit Körper auf Verderb, Geist auf Gedeih.
Es kommt das kosmische nun Abenteuer.

XII

Es kommt das kosmische nun Abenteuer,
ist komisch, doch des Glaubens Elixier,
noch bitter im Exil der Galaxie,
geht nie zur Neige, selbst der Kelch wird neuer.

Ob Himmel, Hölle oder Fegefeuer,
nach Gaia alles ein dreizweigig' Psi.
Aasgeier sind stets geil auf Autopsie –
dem Medizinstudenten nicht geheuer.

Wie dieser wagst du in den dunklen Raum
den ersten Blick und Schritt. Da ist ein Baum,
nein, Labyrinth aus blühend-bunten Büschen,

wo hast erwartet trockenes Geäst,
warst überzeugt, darin kein Vogelnest –
der Hoffnung grünen Zweig nur zu erwischen.

XIII

Der Hoffnung grünen Zweig nur zu erwischen,
wie hoch im Blau er wohl auch hängen mag,
strebst du empor, wer weiß, schon seit dem Tag,
als Fackellicht erhellte Höhlennischen,

man hörte auf, zu jagen und zu fischen,
erst wenn Mondstille über allem lag ...
Und seine Frucht hat seltsamen Belag,
doch hört man weit und breit kein Schlangenzischen.

Der Leitsatz von zwei Enden jeder Wurst
stillt nicht endgültig deinen Wissensdurst,
gleicht losem Ziegelsteine im Gemäuer.

Nimm raus ihn. Schau! Die Schöpfung ist perfekt!
Weil jeder ein Stück selbst der Architekt
auf langem Weg zu ihm als ewig' Feuer.

XIV

Auf langem Weg zu *dem* als ewig' Feuer
ver*heiß*enen den Menschen Paradies
sitzt du mal im Foyer, mal im Verlies,
dies ist ein Luftschloss, keine Paranoia.

Willst dringend sein der Vielfalt Veruntreuer,
Vergleich zieh'n zwischen Licht und Dunkel? Zieh's!
Nun, abzulegen in sich den Narziss,
geht auch, vielleicht nicht heute oder heuer.

Die Summe macht's. Kontrast kann alles fügen.
Unaustrinkbares trink in vollen Zügen!
Der Abschied bitter, umso süßer er,

wenn wird zur Heimkehr auf manch fremdem Boden,
danach spricht man von Leben und von Toden,
so wie du gingst, so kommst du wieder her.

MEISTERSONETT

So wie du gingst, so kommst du wieder her,
noch bist ein Funken nur, noch keine Flamme,
bald hülltest du dein Herz in schwarzen Teer,
indessen weiß geschrieben stand ein Name:

Christina. In dir wie ein Ozean
aus meistens unerwiderten Gefühlen,
den Fragen nach „Weswegen nur" und Wann
erwärmt sich nachts, um morgens abzukühlen.

Das war vielleicht vom Schicksal gar nicht dumm,
nicht Kaviar, doch Salzbrot aufzutischen,
weil dachte wohl: „Bald ist es eh herum."

Es kommt das kosmische nun Abenteuer,
der Hoffnung grünen Zweig nur zu erwischen
auf langem Weg zu ihm als ewig' Feuer.

10/2012

Die Wiederkehr

Nachdichtung aus dem Russischen eines eigenen Gedichts

I

Denn unser Sein ist eine selt'ne Gabe,
großzügiges Geschenk – verdient? – der Götter,
in einer Welt voll Liebe, Lust und Labe
wir meistern es – was immer meinen Spötter!

In einer Welt voll Leid und Leid und Leid ...
Wir haben nicht die Wahl, sie ist die Eine,
wie keine andere, für uns alleine!
Doch gibt es etwas noch, wenn auch so weit ...

Am Fuße eines abgrundhohen Berges,
sein Name war zu allen Zeiten Meru,
erklingt zur Sonnenwende das Signal.

Ein Botschafter, Hybride Albs und Zwerges,
bringt über uns die Agonie der Ära:
Was grad beginnt, soll enden auf einmal.

II

Was *mal* beginnt, *wird* enden *auch* einmal,
bloß weiß noch niemand um des Endens Weise,
da sprach der Halbalb, und mit Widerhall
sprach auch der Berg, und Vögel zogen Kreise.

„Äonenweite Finsternis im All
durcheilte ich auf meiner letzten Reise,
sich selbst die Last, die Schaulust und die Speise,
um zu berichten euch von Gaias Fall.

Hört ihr von hier der Blauen Sphäre Ächzen?
In Todeskrämpfen sie seit langem schon,
sie zu entfluchen unsere Aufgabe."

Fürwahr! So trafen sich erneut die Sechzehn –
der Rat der Neun, Plejaden-Pantheon.
Das Rad der Zeit dreht Universums Nabe.

III

Das Rad der Zeit dreht Universums Nabe,
zuletzt, so scheint es, viel zu ungestüm.
In jeder Friedenstaube krächzt ein Rabe,
in jeder Höhle wacht ein Ungetüm.

Vom Fels herab blickt gierig die Chimäre,
kein Licht, kein Echo lebt im Drachenschlund,
schon sitzt der Helm vom Schwarzen Reiter, und
die Nüster zischt wie Eiter in der Schwäre.

Und kampfeslüstern sich erheben Greife,
entgeht nicht ihrem Blick Abaris' Pfeil
und ihren Klauen, schneller als der Schall.

So immer schriller tönt des Krieges Pfeife,
am Hang des Sisyphos, wahnsinnig steil,
rollt immer schwerer dessen Felsblock-Ball.

IV

Rollt immer schwerer dessen Felsblock-Ball,
der felsenfest glaubt an die Heldenmythen,
sein Weg hinauf ist einsam, hart und schmal,
und seine Spuren gleichen Hieroglyphen …

Der eigne Pfeil ist's, der wie Laserstrahl
durchbohrt Brust von Abaris, edlem Skythen.
Was bleibt von ihm – ein Vers in Apokryphen?
Ein Häuflein Asche nur nach dem Zerfall?

Vielleicht die letzte Bitte: „Oh Gebieter
von Su-Meru, der thront überm Grundlosen,
dem Karma schuldig, tat ich meine Pflicht.

Die Menschen sollen wissen vom Gewitter,
das kommt und jeden macht zum Obdachlosen."
So sprach der Warner vor dem Todeslicht.

V

So sprach der Warner von dem Todeslicht
des Unheilbringers, des Unsäglichen:
Nibiru. Nur: Der Mensch hat andre Sicht,
versumpft im Kleinen, im Alltäglichen.

Verstumpfte Sinne, Wissensüberschuss,
im Müll der Zeit so vieles ist verschollen ...
Wohl niemand sah die Hölle an den Polen –
als kippe der Planet vor Überdruss.

Und Wasser tobten wie vermischte Laugen,
Vibration durchdrang der Häuser Schutz,
in Bäumen Nester glichen nun Pestbeulen

wie gleichen wohl Froschlaiche Spinnenaugen,
was noch nicht Feuer war, blieb Staub und Schmutz,
und seine Stimme schluckte großes Heulen.

VI

Und seine Stimme schluckte großes Heulen,
und trocknete das Tränennass sein Blick,
als schwang Apollo die Kometen – Keulen,
zu brechen dem Planeten das Genick.

Weltfundament, die Fäule aller Fäulen,
all der Zivilisationen Schlick,
ward schon so dick, dass, suchend sein Geschick,
verschwand das Firmament auf Wassersäulen.

Voraus ihm floh gleich wasserscheuer Katze
der Ex-Trabant Tiamats (Phaetons) –
die Nacht verlor die wachsamste der Eulen.

Ein Wink kam noch von der geschrumpften Fratze:
„Wie einen Weg zum Schatz gewahrt die Chance,
doch möge Ariadnes Schnur nicht knäulen!"

VII

„Doch möge Ariadnes Schnur nicht knäulen,
dass man sich nicht verirre in Agartha ..."
Doch mag ich auch an diesem Punkt nicht spoilen –
ein Flugzeug ist zumeist kein Senkrechtstarter.

... So hat kein Mensch den Rettungsring gesehen,
der hing bei der Cydonia-Sphinx am Ohr,
zu kurz war da so etwas wie ein Tor
inmitten der orang'nen Wolkenwehen.

Und nicht für uns – wer hilft schon armen Würsten!
Für *die*, wer auf Orions blickt Gestirn,
mit seinem Wort schnell unsren Willen bricht,

wer muss nicht immer nach der Wahrheit dürsten
und nun zupumpen mit Radon das Hirn,
wodurch ins Dunkel steigt man Schicht für Schicht.

VIII

Wodurch ins Dunkel steigt man Schicht für Schicht,
die letzte Zuflucht für verblieb'ne Seelen,
ist jenes Land fernab vom Sonnenlicht,
hier echot ewig Höllenhundes Bellen.

Hier gibt's nur einen Gott – den Tod. Und nicht
die Spur von Hoffnung hört man aus den Kehlen
all hilflos Strandender, die jäh zerschellen
am Ufer Schwefelmeeres, gelb wie Gicht.

So ward ein heller Tag zum infernalen,
selbst Sonne ihrem Platze sich entriss
wie weinendem Kind eine falsche Mutter.

Von großer Schlacht, die folgt, in den Annalen
man auch die kleinste Strophe stets vermiss',
nur 'n schweigender Gralshüter ist ein guter.

IX

Nur 'n schweigender Gralshüter ist ein guter,
Apokalypse ist ein Jamais-vu
für ihn. Schau besser hin, und du siehst Buddha,
der schweigend schwelgt in absoluter Ruh' ...

beobachtet-betrachtet, wie zum Spielball
der Mächte wird der heimische Planet,
sich kränklich biegt das schwarze Wolkenbett
von laut posaunender Seraphe Vielzahl.

Wie durch das Leichentuch des Ascheregens
Gott Anu fliegt in funkelndem Vimana
und Hitler in gestähltem Haunebu ...

Merkt Mensch im Zuge wüstesten Brachlegens,
er wüsste immer, er sei ein Terraner,
Apokalypse ist ein Déjà-vu?

X

Apokalypse ist ein Déjà-vu
für Dunklen Reiter auf dem Skolopender,
der Blitze schießt mit hundertfachem Huf,
mit rautenförmigen Pupillen, Wände

durchdringend, alles frisst, was Gott einst schuf,
die sich Bekriegenden erreicht behände.
„Seht meine Herrschaft nah'n und euer Ende!",
herniederfällt auf Erdlinge sein Ruf.

Die List, mit der auch er sich nennt ein Lehrer,
ist: *Divide et impera!* Fortan
nur kniet und kriecht man ganz ohne Revolte.

Der Reichen Mehrer und den Reinen Nährer
zu sein, heißt dieses Motto dann und wann,
das (so der Plan!) der Mensch verkennen sollte.

XI

Dass so der Plan, der Mensch verkennen sollte,
vergänglich wie er ist, ein stetes Pochen
vom Kosmosherz – wievielte Flut auch rollte,
die Zeit als Schlange zwischen den Epochen

sich häutet bloß, um weiter sich zu ringeln –,
das weiß Gott An zu gut, ist ja ein Blaublut!
So hängt er an den Nagel seinen Hau-Mut,
doch eitel an die Glocke – sie soll klingeln:

„Was wollen ich und Söhne mit dem Krempel!" –
und lässt den gleichfalls Kindern des Warans
die Blaue Sphäre nun zurück als Futter.

Er kehrt in seinen großen Wandertempel,
'nen Katzensprung vom Rot Aldebarans ...
Vereinsamt driftet weiter unser Kutter.

XII

Vereinsamt driftet weiter unser Kutter,
vereint durch gleichen Feind, in ihm wir sitzen,
doch sinken wir vereinzelt. Bis zur Butter
muss Frosch noch lange strampeln, Schweiß verspritzen,

nicht ein Moment ist ihm gegönnt, wann ruht er!
Wir sind bereit, dem Feind aus Stein zu ritzen
ein Monument, da niemand mehr kann schützen
uns vor der Brut, die aufzuzieh'n geruht er ...

Als alle glauben fest, obsiegt das Böse,
erscheint gleich einer Kugel, kreuzbeköpft,
'ne Feuerinsel in der Himmelsbrüh'.

Das Licht des Sirius, die blaue Rose!
Wird Zeit, dass man den Teufel sich vorknöpft.
Was schien zu spät zu sein, war noch so früh.

XIII

Was schien zu spät zu sein, war noch so früh,
was schien umsonst zu sein, war einzig richtig,
wie jenes Botschafters selbstlose Müh',
denn Hilfe ward geschmiedet, war nicht nichtig!

Tonloses Wort des Rats galt Elohim:
(„Halt an, oh, An, dein fleißiger Sohn Enki
und Marduk, Barken fahrender dein Enkel!")
Wenn er umkehre, man verzeihe ihm.

Und es war Marduk, der für seines Vaters
Unschuldsgeschöpfe gegenübertrat
mit Sternspaten dem Dunklen, der arg grollte.

Ganz Äther bebte, eines Riesenkraters
Rund gähnte auf dem Mond, der schmerzenssatt ...
Es war vorbei. Damit's sich wiederholte?

XIV

Es war vorbei – damit's sich wiederholte,
weil alles wohl zur vorbestimmten Zeit
vorbeigeht, weil es Gott vielleicht so wollte,
der immer war und wird in Ewigkeit.

Die ersten Menschen die nun umgepolte
Weltkugel schnell kolonisierten, seit
sie kamen aus der Höhlen Dunkelheit
ans Licht des Monds, der wieder oben schmollte.

Und unser Sinn ist Ariadnes Faden,
und unser Sein ist eine Wiederkehr
unter der weh'nden Fahne von der Farbe

Indigoblau. Im Sonnenglanz wir baden,
zuprostend, dass die ERDE aufersteh',
denn unser Sein ist eine selt'ne Gabe.

MEISTERSONETT

Denn unser Sein ist eine selt'ne Gabe,
doch was beginnt, wird enden auch einmal,
das Rad der Zeit dreht Universums Nabe,
rollt immer schwerer, *wie ein* Felsblock-Ball.

So sprach der Warner vor dem Todeslicht,
und seine Stimme schluckte großes Heulen:
„… doch möge Ariadnes Schnur nicht knäulen,
wodurch ins Dunkel steigt man Schicht für Schicht."

Nur 'n schweigender Gralshüter ist ein guter,
Apokalypse ist ein Déjà-vu,
das (so der Plan!) der Mensch verkennen sollte.

Vereinsamt driftet weiter unser Kutter,
was schien zu spät zu sein, war noch so früh
und war vorbei, damit's sich wiederholte.

5/2013

Wermutkranz für Maximilian Woloschin

Nachdichtung aus dem Russischen eines Sonettenkranzes
von Elena Seifert

I

Zum Silber ward der Dichtung leise Macht –
das silberne Zeitalter. Worte schossen
gleich Kugeln im Duelle, siegentschlossen,
und blickten hoch, wo Sein Phantom der Pracht.

Entnahm Er dann noch eine Rippe sacht:
Zwetajewa. Der Frühling ist geflossen
durch ihren Staub, und glänzten die Schwimmflossen
der Silben silbern, als die Rus ('ne Jacht

zerschellen würde, weil zu stolz ... So schwimm!)
gestrandet ist ... in Jalta ... auf der Krim,
wo in derselben Handvoll scheinbar tote

Vulkane, lebende Gewächse, und
der Wind wiegt in den Schlaf zur Abendstund' –
das Klanggemälde einer fernen Flöte.

II

Das Klanggemälde einer fernen Flöte
entwirft der Pan für uns, Menschengeschlecht,
auf seinem Kraushaar magisch das Geflecht
des Wermutkranzes, dem noch eine Note

von Minze innewohnt, und jede Note
ertönt im Takt zu der Natur so echt,
all Felsgetier schaut Vorbildern gerecht,
geformt aus Bergen wie aus weichem Brote.

Tatare, Hunne, Skythe, Mameluk …
Die Erde wahrt jedweden Beutezug,
vergossenen Bluts und des Rostes Röte.

Hier das bekam, was er bewunderte,
und trat ins Dunkel der Jahrhunderte
Kimmerier Max, einheimischer Exote.

III

Kimmerier Max – ein heimischer Exote,
der Wermutnimbus steht seinem Gesicht,
dem Wald gleich auf dem Löwenhaupt ist dicht!
Er suchte bald, was war nun der Glücksbote …

Glücks*strähne* eher (keine Hasenpfote!):
Die aus dem Wermut brennt und stachelt nicht.
Die dornige, die wehtut, deren Licht
erhellt verborgenste Bewusstseinsgrotte?

Man kann sich immer fragen: Wer ist er?
Sadko? Hellene? Riesenzwerg? Ein Bär?
Ein Herrscher gar, von seinem Hof umwacht?

Die Zeit weiß keine Antwort. Eingetaucht
in sie, hat er die Kalme angehaucht,
kam in das Haus, ihm von der Krim vermacht.

IV

Kam in das Haus, ihm von der Krim vermacht,
Max gleichwie in ihr Herz, das dann zur Bleibe
für Dichter ward. Athenen aus dem Leibe
der Landschaft zogen in antiker Tracht:

das Meer, den Strand mit seiner Hügelfracht
und Jaspissteinen ... Geh entlang, dann treibe
auf Wellen-Weinen, schöpfe voll, zerreibe
ein Kraut darein und trinke unbedacht!

Erlosch'ner Kara Dag steht als Ikone,
nicht weit liebkost hartnäckig, mit Gestöhne
die See die Bucht, und eine Höhle lacht,

hineinruft in die Unterwelt zu Hades,
Heuschrecken, Honig bei der Rast des Pfades ...
Das raue Koktebel schwelgt in der Nacht.

V

Das raue Koktebel schwelgt in der Nacht,
ganz rosa-lila-blau, darüber weiß
das Hufeisen des Viertelmonds, der weiß,
wie schwamm die Argo einstmals in die Schlacht,

das Vlies zu stehlen, welches arg bewacht ...
Im Goldstaub der Geschichte riech den Schweiß
der Heldenzeiten! War dein Weg voll Fleiß?
In Nicht-Gomorra nimmt man dich in Acht.

Gebirgs-Gebiss im Fond von Anti-Sodom
erscheint spitzbogig wie ein Soundso-Dom,
gezacktes Panorama – ohne Schlote!

Schön die Verzierung der Venedig-Vase,
doch seit Max' Tagen erst ward zur Oase
die nackte Erde, kosmische Zygote.

VI

Die nackte Erde, kosmische Zygote,
war so elementar wie Manna für
all die, die zu Besuch verweilten hier,
und leicht wie eine Erbse aus der Schote.

Die Flaggschiffe der Symbolismus-Flotte
(der russischen) einst ankerten am Pier:
Balmont und Brjussow, noch ein hohes Tier,
de Gabriak – 'ne eigne Anekdote.

Und Bely und Iwanow von dem „Turm",
die Akmeistin Anna, stets im Sturm
Marina ... knöcheltief im Meer, im Boote

gebaren Reim, Kadenz, Enjambement.
In Max' Heim (Residenz, Appartement)
man jedem Gast kredenzte wie 'nem Gotte.

VII

Max jedem Gast kredenzte wie 'nem Gotte,
in seiner Kunst der Ichs ein Ziseleur,
verehrte er die Leichtigkeit und Fleur,
verwarf das Flüchtige und das Bigotte.

Als Sonnenpriester fast fand die Gebote-
Gebete wichtig und war ein Souffleur
den Steinen. Ihren Lügengift verlor
mit ihm so manche Schlange oder Kröte.

Nicht leicht, Max zu verwickeln in Konflikte,
und fremd ihm waren zornige Verdikte,
doch plötzlich war ein Wahrsager erwacht

in ihm, und dann er, sehend auf die Schnelle
die Windungen einer Passantenseele,
mit Herz und Feder Leben hat entfacht.

VIII

Mit Herz und Feder Leben hat entfacht
und mit des Pinsels überlegtem Schwunge
Aquarellist Max, in dem mit der Zunge
das Auge sie in Einklang hat gebracht

Natur der Krim. Und Felsen sind gekracht
zum Gruß an ihn durch in der Erdschicht Sprünge.
Auf einer Sandbank stand er, ein Schiffsjunge ...
ein Kapitän mit tieferem Betracht,

durch die Poetik der Fata Morganen
hindurch vernahm im Zittern der Membranen
die Weisheit, die die feste Form umgibt,

den Spiritus alkäischer Verslyrik
auf alten, nicht alkalischen Papyri ...
chitonverhüllt, barfüßig, allverliebt.

IX

Chitonverhüllt, barfüßig, allverliebt,
von weiten Reisen er von jeher träumte.
Er mochte das vom Palmenhain gesäumte
Gestade Nils, wo mal ein Sandsturm stiebt,

den Ochsenkarren, der durchs Bild sich schiebt,
Tibet, das sich verbeugte und aufbäumte ...
wohl aber nirgends fand, was das geschäumte
Meer vor den Klippen Koktebels ihm gibt.

Recht früh kam nach Paris, die „graue Rose",
die Liebe schenkte ihm und viel Getose,
doch auch die Stille, so von ihm geliebt?

Von den Märtyrerinnen Margareten
er eine wählt. Die Welt verharrt im Steten.
Max hat nach ewig Gültigem gesiebt.

X

Max hat nach ewig Gültigem gesiebt,
ließ es wie Gold für seine Gretchen klimpern,
das Rothaar Mai mit seinen lichten Wimpern
sprang in die Ruh' des Herzens, das nun liebt.

Im Wald Versailles' sah Zeus, dass es June gibt,
im Garten Louvres, anderen Olympen:
„Los, Gretchen, spiel! Wie lange willst noch zimpern
mit meinem Herz, das alles doch vergibt!"

Woloschin war im fernen Land der Seine
durchaus nicht fremd, denn vieles war das Seine,
doch wo die Wunde, da auch Salzes Prise.

Pan sprüht vor Glück ... dem Schicksal ist's nicht passend.
Muss weiterleben, seine Frau loslassend,
vereinend jedermann im Paradiese.

XI

Vereinend jedermann im Paradiese
von Krim, Elena die „Urmutter" war,
sie spendete Ambrosia der Schar
in Stiefeln und Pumphose, von der Brise

gestreichelt ihr Profil des Adlers, diese
gestrenge Aureole, graues Haar –
in den Tabakrauch. „Bin ganz letztes Jahr.
Das Heute – meinem Sohn. Das Grün der Wiese.

Ich geb' das Jammertal an Wandrer ab
und seh', wie fliegt vom Löwenhaupt herab
die Wermutbitterkeit nach meiner Klage.

Mein Max – deutsch-saporoger Vagabund,
ihn adoptierten Kalme, Dürre und
die Rus, im Volksmund noch belebte Sage."

XII

Die Rus, im Volksmund noch belebte Sage,
und Frankreich, ganze Montparnasse-Boheme,
sind Zeugen, wie Max formte aus dem Lehm
den Pegasos vom eines Recken Schlage.

Als Bandurist fand passende Tonlage
französischem Chanson und russischem
Couplet – ganz Strand den Saft von 'nem Poem
gepresst hat aus Smaragden beim Gelage …

Jahr '17 … Max da keiner Seite schwor,
im Bürgerkrieg stellt sich nur schützend vor
die Mutter, die stets nivelliert die Waage,

nicht schuld am Zwist der Söhne. So im Fluss
Rot ward mit Weiß zu Rosa, und die Rus
gab Wind dem, der zu ihr in Rücken-Lage.

XIII

Gab Wind dem, der zu ihr in Rücken-Lage,
vielmehr den heißen Feuerdrachenhauch,
die Historie (nicht mehr als Schall und Rauch!)
der Anschläge, der Putsche ... Spaltung, Plage ...

Blutsonntage ... Ob solch ein Wind wohl trage
den Feld-Mannstreu – auch wenn nur Dornenstrauch?
Den, wer gab Zuflucht Freunden ... „Feinden" auch.
Der Brennende weiß Antwort auf die Frage.

Die Sarkophage öffnen sich, Lilith (?)
schmerzt in der kranken Brust, und Herzblut flieht,
doch *fließt* es kaum so warm durch Lein und Vliese,

wie wenn die Erde ruft, still und konstant.
Was flüsterte zu Max ein Krim-Atlant,
den Himmel schulternder, bescheid'ner Riese?

XIV

Den Himmel schulternder, bescheid'ner Riese
blieb bis zum Schluss an seinem kleinen Rand
der Welt. Und keine Schranke, keine Wand
er duldete, für ihn hieß die Devise:

kein Pfahl, kein Speer und Heer! Nur der präzise
Strahl wahrer Wörter ... noch das Meer, das Land.
In Tiefen schwebt der Leib im Salzgewand ...
Das Ruder still, als blicke man auf Giseh:

Zwei Nachbarstädte rings, selbst gleich Grabmalen,
der Geist Marias, späterer Gemahlin,
zu dritt beweinend, haben angedacht.

Zum Golde ward die Sonne, denn so hell
war nie ihr Untergang vor Koktebel,
zum Silber ward der Dichtung leise Macht.

MEISTERSONETT

Zum Silber ward der Dichtung leise Macht –
das Klanggemälde einer fernen Flöte.
Kimmerier Max, einheimischer Exote,
kam in das Haus, ihm von der Krim vermacht.

Das raue Koktebel schwelgt in der Nacht,
die nackte Erde – kosmische Zygote.
Max jedem Gast kredenzte wie 'nem Gotte,
mit Herz und Feder Leben hat entfacht.

Chitonverhüllt, barfüßig, allverliebt,
Max hat nach ewig Gültigem gesiebt,
vereinend jedermann im Paradiese.

Die Rus, im Volksmund noch belebte Sage,
gab Wind dem, der zu ihr in Rücken-Lage,
den Himmel schulternder, bescheid'ner Riese.

6/2014

Rosarium

Nachdichtung aus dem Russischen eines Sonettenkranzes
von Sergej Kalugin

I

Wenn meine Stimme ruht, dann fand ich Worte
in langer Nacht geweiteten Pupillen,
das göttlich Leere wird mich ewig stillen,
pulsiert als Leben spendende Aorta.

Und außerhalb von mir nur leere Orte.
Entspricht das nicht des Dieners klarem Willen?
Schon ist die Lichtflut da, das All zu füllen,
blüht Rose, glüht das Kreuz der Himmelspforte.

... Doch keine Antwort, Stille zieht sich hin,
und dünkt es mich, dass ich schon lange bin
ein Stückchen Grau nur im Konfettireigen.

So zwischen sich und nichts steh'n auf der Kippe,
jäh reißt ein Wort sich los von meiner Lippe,
gleich immerwährend kaltem, rohem Schweigen.

II

Gleich immerwährend kaltem, rohem Schweigen,
die Flüsse in die Ebene entkamen,
ich schwamm in ihnen, doch gab keine Namen
den Felsufern, die reuevoll sich neigen,

und Bäumen, die erstarrt sind in der Beuge.
Ich schritt durch Auen, die sich selten lichten,
und kannte das Gebot, niemand zu richten
mit Fragerei. Ich war den Flüssen Zeuge.

Des Deltas Anblick stieß mir in den Rumpf,
ich schwieg nicht mehr, ich schrie, die Leere dumpf
zerschmetterte wie hundert zarte Geigen

all meine schweren Worte an den Inseln,
dies Echo hörte ich als Todeswinseln,
so sterben sie in meinem Herzen feigen.

III

So sterben sie in meinem Herzen feigen,
die Worte – wie die Flüsse in der Arktis,
es dürstet nach den Stichen des Infarktes ...
Doch hier im Abgrund will nun allerlei gen

noch unergründliche Berghöhen zeigen,
deren Geburt ich träum', und so erstarkt es,
in meinen Gliedern währenddessen harkt es,
des Unglücks Krampf ist schwachem Körper eigen.

Vernehmend leichten Schlag, im Schmerz ich warte,
wann warmer Morgen weckt mich auf der Warte,
Eis schmilzt, mein Geist zurückkehret zum Horte.

Bis in das Herzgewebe zwar besiegt,
die Urquelle in mir wohl nie versiegt,
ich suchte nicht, dass jemand mich erhörte.

IV

Ich suchte nicht, dass jemand mich erhörte,
ich nehme einen trügerischen Anlauf,
in eines Ritus wallend wildem Ablauf
als Fledermaus nun kreise überm Fjorde,

durchdringe Berge so leicht wie die Täler,
erkenn' das Wesen aller Elemente,
im Tanz der Theurgie all die Momente,
wann Wahrheit sitzt wie aufm Präsentierteller.

Denn dies ist ihre Zeit, sie ist entblößt,
wenn Vollmond Licht der Mitternacht einflößt,
und ich bin meinem fahlen Fleisch entsunken.

Und Sternenfeuer gleich dem Todespflug
ersticht das Dunkel, schenkt mir einen Flug
über dem Land, von Regengüssen trunken.

V

Über dem Land, von Regengüssen trunken,
agieren greise Geister aus dem Nebel,
der Abend ist so leise wie mit Knebel
ein Mund, der viel erlogen und erstunken.

Und mein' ich damit nun mich selbst, Halunken,
dann war ich wohl ein herrischer Feldwebel,
doch ... wein' ich nur in diesem Hain voll Säbel
des Zuckerrohrs, wo unweit schaukeln Dschunken.

Und jeder jener stillen Augenblicke
ist stürmisch wie der Schatten einer Ricke,
die eine Bresche schlägt durch Trauerweiden.

Fernab von Dschungeln und Korallenriffen
folgt mir, gebrochen in den Wassertiefen,
des Mondes der Achat, so quälend seiden.

VI

Des Mondes der Achat, so quälend seiden,
entlang den Federn schwarzen Adlers gleitet,
der seine Monsterflügel hat geweitet
von Saum zu Saum über die Weltenheiden.

Von düstrer Nachtseen unter mir dem Feucht
wird reflektiert der Schein der großen Wolke,
vom Mond gepierct, und die kristall'ne Molke
der Galaxie, die durch den Schützen kreucht.

Dort, hinter kalter Klinge scharfem Stich
des Bergkamms, liegt des Flusses Silberstrich,
im Heer der Bäume haben sich der Scheiden

entledigt Zweige, und ein Sternenstrahl
gleich 'nem Eisfaden zieht nach überall
an lichtem Lasso mich – ich kann's nicht meiden.

VII

An lichtem Lasso mich – ich kann's nicht meiden –
verfolgt mein Geist in traurigem Gewand.
Schau! Zu berühren perforierte Hand
mit meiner eigenen im selben Leiden,

will er mir wie das Karma nicht bescheiden,
umsonst als Stigma-Rose sie entflammt,
ich steig' nicht auf zum Tor, feuerumrahmt,
mein Weg ist fruchtlos wie 'n Gebet im Neiden.

Ich bin der, welcher stirbt stets an den Schwellen,
und nicht für mich sind im Palast die hellen
Bekleidungen, die fließen voller Funken.

Der Pfade Engel, die zum Gipfel streben,
durch Herzens heiße Wüste nach Erdbeben
zerrt hinter sich her und lässt freudig unken.

VIII

Zerrt hinter sich her und lässt freudig unken
der Wind all die Gefangenen der Zeit –
die wandernden – und der Vergessenheit,
ihr kühner Start wird kaum im Traume prunken.

Mein Gott! Bin ich denn auch prädestiniert,
wie Deckflügel zu tragen, damit wärmer,
ein Kamisol mit Mustern der Nachtschwärmer
und trinken Mondwein, der in mir erfriert?

Doch will ich, losgelöst von allen Trachten
aus Erdenleben, jetzt nur noch betrachten
im Stillen diesen schwarzen Südseewind.

Sich auflösend im Regen der Vergebung,
am Rand der Angst, des Lichts und der Eingebung
ich spiele mit dem Nichts gleich einem Kind.

IX

Ich spiele mit dem Nichts gleich einem Kind,
wir sind zum Wissenslimit aufgestoben,
als Perlmuttwelle will die Seele toben
und gleiten übers Weltenmeer geschwind.

Was war mit mir? Ich war so lange blind.
Nun seh' ich mit dem Blick von außen, oben
die Gründe, Folgen, richtungslos verwoben,
und den Triumph der Folgen ohne Gründ'.

Als ob ich eingeweiht in alten Bund,
so wie ein Spiegel, schlummernd auf dem Grund,
in sich den Abglanz eisigen aufnimmt

vom tief gebeugten wie in Schwermut banger
Gestirn des Schlafs, mit dem Geheimnis schwanger,
dem, welches jenseits jeder Schwelle rinnt.

X

Dem, welcher jenseits jeder Schwelle rinnt
der Relativitätsreflexionen,
dem, welcher kreuzt Kometen mit den Sonnen
und in der größten Schmach dennoch gewinnt,

dem Einzigen, Barmherzigen und Hehren,
Vorweltlichen, Ruhmreichen, Innerzeitlichen,
dem Einigen, dem Vollen, dem Einheitlichen,
dem Deutlichen, dem Maßlosen, dem Leeren ...

... dem gilt mein Loblied, brandend voller Wucht!
Du bist der Sinn der Wurzel und der Frucht,
die Weisheit eines Kerns und einer Zierde.

Dein Antlitz heiliges gewahr ich werde
in jedem Halm, der schmiegt sich an die Erde,
und hinter jeder letztsichtbaren Hürde.

XI

Und hinter jeder letztsichtbaren Hürde
ist offenbart Idylle, herrscht Konstanz,
ein willenloser Windhauch schwindet ganz
im Pfeilkraut-, Seggendickicht auf der Wierde.

All' Quellen sind verstummt in Ehr' und Würde,
Libellen nur entflechten lichten Kranz
vom schnellen, leichten Sonnenfleckchentanz
auf Wellen, die man kaum so nennen würde.

Ich wärme mich im Wasser dieser Furten,
gelassen alle Zügel, die mich führten,
bin bloß ein Teil der Mittagszeit, bloß hier.

Kein Denken mehr, kein Wort, nicht mal ein Kürzel,
ich riss heraus der Widersprüche Wurzel,
ich schlug weit auf den Spielausgang in mir.

XII

Ich schlug weit auf den Spielausgang in mir,
fand letztes Puzzlestück als runde Wabe,
und meine Hand hält gleißend-grelle Gabe
im Zeichen einer Neugeburt – als Tier,

als Imperator der Ameisenlöwen.
Auf meinen Schlüsselbeinen singt wie Psalter
und jauchzt im Klang die Kette der Zeitalter –
ich prophezei' den Meisen und den Möwen.

Es donnern Tympana und Tamburine,
und Tulpen zu den Füßen stehlen Sinne,
zu Teppichen sich schlingend, endlos, wirr.

Ich bin der Sonne und der welken Gräser
in blühenden Zwischenstromländern Cäsar,
befugt zu splitten nun das Ich ins Wir.

XIII

Befugt zu splitten nun das Ich ins Wir,
laut mit der Zwölf Adverbien dem Verbe –
kann ich ablehnen noch mein Schöpfungserbe?
Statt stumm zu sein, im Sturm ich mich verlier',

der Wirklichkeit zog vor den Traum, so irr,
und doch, geblendet von des Letzten Scherbe,
was noch bevorstand, floh ich in die derbe
Glut wahren Pandämoniums in mir.

Ich hörte Stimmen, höher als das Dunkel,
sah ihr als Rosen prasselndes Gemunkel,
doch schloss die Tür zur Güte in Neugierde.

Und wieder wandle waldwärts ich im Gram,
durch Heimes heile Welt als Birkenstamm,
bewegt-beständig trag' ich meine Bürde.

XIV

Bewegt-beständig trag' ich meine Bürde.
So pilgern alle Suchenden des Himmels,
so immer mehr auf alten Pässen wimmelt's
von Spuren voll Askese, nicht Begierde.

Jetzt weiß ich nur, was wusste ich schon immer,
und sehe nur, was ich gerade sehe,
versinnlost die Begriffe „Ferne", „Nähe",
allein der Fluss entfesselt den Nichtschwimmer.

Beinahe weise halte ich den Stab,
wie 'n Kreißsaal leise, laut wie letztes Grab,
Musik – piano und gleichzeitig forte.

Ich gehe wie ich bleibe unbewegt,
vergessen ist das Ziel – so hat es Recht;
wenn meine Stimme ruht, dann fand ich Worte.

MEISTERSONETT

Wenn meine Stimme ruht, dann fand ich Worte
gleich immerwährend kaltem, rohem Schweigen,
so sterben sie in meinem Herzen feigen,
ich suchte nicht, dass jemand mich erhörte.

Über dem Land, von Regengüssen trunken,
des Mondes der Achat, so quälend seiden,
an lichtem Lasso mich – ich kann's nicht meiden –
zerrt hinter sich her und lässt freudig unken.

Ich spiele mit dem Nichts gleich einem Kind,
dem, welches jenseits jeder Schwelle rinnt
und hinter jeder letztsichtbaren Hürde.

Ich schlug weit auf den Spielausgang in mir,
befugt zu splitten nun das Ich ins Wir,
bewegt-beständig trag' ich *diese* Bürde.

4/2013

Spektrakel

I

WEIßes blatt mit was zum schreiben zum radieren
kaugummi, bereits zerkaut zur walnussform
so! nun kann sich rechtschreibregelnonkonform
allerneuester sonettkranz präsentieren

inhaltlich wie weißer tasten bei klavieren
schlichte diatonik da ich nie brainstorm'
form steril wie mediziners uniform
wer *daltonic* ist der findet dennoch viren

kaugummi längst bar der farbe und der süße
zucker fehlt dem blut das schafft's nicht in die füße
deren schneegestapfe winterwind verweht

blinzeln weißer wimpern ist im sternenmilche
dort ein gott ein stilles kind? bei dessen spielchen
in den grauen zellen eine welt entsteht

II

in den GRAUen zellen eine welt entsteht
schwillt und schwillt und will aus allen nähten platzen
explodieren als betonstadt schwarm von spatzen
im gewittrigen tief das wie aufgebläht

in den grauenhaft(en)zellen zeit stillsteht
wohnen mäuse hier so dienen sie als katzen
körperwärme ist von wänden nicht zu kratzen
leid ist ein stück graues eis das nie zergeht

bleibt zum trost die fantasie jedoch nur raster
wie das CGI der neueren blockbuster
schwarz-weiß, zu erdichten sie es noch versteht

als ob kameras den grauen star bekämen
alter währt lang so wie graues haar beim kämmen
nur das leben kurz bis alles blut vergeht

III

nur *ein* leben kurz bis alles blut vergeht
zu rubinen werdend fliegenpilze tränkend
lodert feuer in dir dich in sich versenkend
das stets leidenschaft vom gegenpol erfleht

als ob innen sich ein ROTer riese dreht
liebe ist die venus-verve sich weiter schenkend
die anziehungskraft des mondes erde lenkend
und des mars vulkanische aktivität

nur ein leben kurz ewigen augenblick
dauert das seit der geburt gesuchte glück
wie geranienblütenblätter sich addieren

tage, fallen ab wenn abendrot bemalt
gleich den ziegeldächern pflaster und asphalt
lass die bilder 'nen hauch langsamer passieren!

IV

lass die bilder 'nen hauch langsamer passieren
dich verlieren fern vom GELBen lampenschein
auf dem kükenpfad in blonden weizenhain
im zitronenwald beim wespenflug riskieren

säfte sich von galle disassoziieren
auf organischen postwegen ins gebein
fließen wie in butter, augen tauchen ein
in der schätze schrein geklaubt von juwelieren

alles leibende verlässt gern kant' und nische
nur dem neidend geistigen das trügerische
eines dotterlosen hühnereis entgeht

das, ertränkt in eigner sonne kalter socke
sieht nicht über seiner (käse-) taucherglocke
etwas das verstohlen um die welle späht

V

etwas das verstohlen um die *secle* späht
wie um eine säule in den vielen lauben
unsrer jugend, möchte des verstands berauben
einer fröschin antlitz die nun drauf besteht

dass man folge ihr ins heupferdGRÜNe bett
um vom frosch sich zu entzaubern frisch entstauben
innerstes begreift schwer das totalerlauben
neue haut, ihm mit der baumnadel genäht

etwas, unschuld selbst, doch eine freche rotz-
göre will dass allen hoffnungen zum trotz
man den anfang hat erneut anzuvisieren

wenn den wunsch ihr abschlagt kommt zu spät die jagd
dann nach der die späht mit augen aus smaragd
dort wo unsichtbare blicke sich tangieren

VI

dort wo unsichtbare blicke sich tangieren
milchkaffeebeflecktes outfit im gewäsch
nackte maßeinheiten steckten in ihm fesch
nun befreit sich hypersensibilisieren

dünen wellen sich im takte lustschnell zieren
dünne krusten explosiven brotteig resch
kreme klingt crème (de la crème) und BEIGE besch
in dies elfenbeingeschnitztem fantasieren

hier wo lang'-distanz-berührungen und sonst
nackte unreinheiten wie sehr auch beschönst
im gebäck will eierschale sich verirren

in realien aus materialien holz
lehm, trotzdem dass oder eben weil oft grollt's
mag ein regenbogen plötzlich irritieren

VII

mag ein regenbogen plötzlich *irisieren*
im gesicht des landstrichs umgekippter mund
schon entspringt ein flüstern dem gezweiten rund
das den spatzenschwarm weiß wohl zu dirigieren

lippen fein und doch konturlos zelebrieren
ein zerfließendes in alle rillen BUNT
tropfen wie kristalle vom beryll korund
wild um sich versprühend nunmehr aras schwirren

durch von farbensaftigkeit beschwerte lüfte
früchtecocktails voll verbot'ner blumendüfte
werden im akkord gemixt und nicht gemäht

psychedelisch sich verbreitet chaoslaune
kind und hippie applaudieren einem clowne
der prinzipien als eintönigkeit verschmäht

VIII

wer prinzipien als eintönigkeit verschmäht
identifiziert sich auch mal mit dem bösen
ihr desinfiziert euch vom religiösen
wer, fragt er, hat mehr spiritualität?

dIeses ratseln ums „wie viel" nur samen sät
sich verhakende wie frausymbole-ösen
erst rotblaue rosen nicht auf- doch erlösen
von der geisternden gleich ultraVIOLETT

weltformel = all des okkulten raschem dämmer
würden denn darin elektrisierte lämmer
träumen von des einsam' hirten melodie?

flötender durchs feld mit veilchenstrauch und flieder
sühnende urkraft geheimnisvoller lieder
bühnenfern, oh doch! es lebt noch die magie!

IX

bühnenfern, oh doch, es lebt noch die magie
SCHWARZ verwitwet sonst verwitzt wenn mit dem scherze
leicht umstrittenen mal im verein, der schwärze
würgegriff = der pflanzentod, doch sie gedieh

schwarze brombeere johannisbeere die
den botaniker entbehrend blüht im märze
sie verkohlt den chemiker durch pseudoerze
und erzeugt aus kohle viel biologie

öffnet unterm frack eine verruchte vene!
ektomiert die hydraköpfe der gangräne!
schwarzen koffern nehmt die teuflische regie!

lasst es nur nicht zu dass streckt ein sternverhüller
nach der schwarzen schönheit die mistkäferfühler
kühlem punsch voll wunsch erfüll'nder energie

X

kühler punsch voll wunsch erfüll'nder energie
mandarinen gleich in dieser trinkmelange
schwimmen auf den kürbisfratzen jeder branche
schmale lächeln in beinahe synergie

wärme der gitarren bricht die lethargie
eines hasen hier gekleidet in ORANGE
nicht weil er karotten liebt nur als revanche
an dem fuchs ihn angesteckt mit allergie

auf die tulpen hollands „ich will es gleich euch tun!
bloß für den moment!" er schwärmt voller erleuchtung
keines buddha-mönchtums – der geselligkeit!

erst zusammen mit der müllabfuhr nachhause
kommt in aller früh der aufgepunschte hase
der moment zerronnen längst zur ewigkeit

XI

der moment zerronnen längst zur ewigkeit
wenn der fluss der zeit zur BRAUNen schlammschicht werde
wanderkröten nun sind einst so schnelle pferde
auf der furt, frei von 'nem führer hörigkeit

tannenzapfenausfall punkt zur fälligkeit
alles kurz aufleuchtende ist letztlich erde
bleibt passiv wie manches bären drohgebärde
und mit eines muttermals hartnäckigkeit

herbstwald wahrt all seine haselnüsse dorf
in eichhörnchenhast verwahrlost in dem torf
(affenmensch kann darin waten bis zur wade

nur dass humus statt humanes) anonym
mästet mit der muße schmutz sich = antonym
für beschwingten musenschmatzes schokolade

XII

für beschwingten musenschmatzes schokolade
kalten schluck gelöstheit aus dem wassertrog
das prosaische im reisekatalog
lassen hinter sich auf irgend promenade

eines sees der nicht einmal im stadtplan, schade!
auf europas freien dächern treu dem sog
klarer weiten weiter bleiben wenn des smog
zeichnet sich ins morgenBLAU die letzte schwade

serenade der sirene hör'n zum schluss
mit blaulichts in gassen zyklischem erguss
wie blue gins ins glas, in blue jeans als nomade

sagen „stadt ade!" dies ist der fernwehblues
und die dichtergrade langsam schon im plus
noch so lang sei fastenzeit der schreibblockade

XIII

noch so lang sei fastenzeit der schreibblockade
flau im MAGENTAl liegt erstes rotkohl-kraut
PURPURfarben so die flaute bald verflaut
ob da nicht ein werk zum berg sich überlade?

PINKe schminke lippen LILA von pomade
ROSIGkeit die übermannt und überfraut
irgendwann legt auf die faule pflaumenhaut
jene schmeckt wie all facettenreichtum fade

wer kennt nicht das INDIGO TÜRKIS CYAN, zen
ninja go mit indisch-türkischen nuancen
auf den reisfeldern des schachbretts stelligkeit

schießend in die höhe – kosmische kosmetik
schluss mit kreativem kram! ist man doch sättig
von auch bloßem reißbrett der abwegigkeit

XIV

von auch bloßem reißbrett der abwegigkeit
eifert man bis zum veredeln auf des letzten
schliffes zielgerader während der gesetzten
GOLDmünzen verschlissen glanz und helligkeit

zweiter platz schenkt auch gewisse seligkeit
auf der von Selene nicht ganz scharf gewetzten
serpentin' wo im stafettenlauf gehetzten
SILBERlöffel man abgibt mit schnelligkeit

also gut! all guter dinge sind es drei
doch ist BRONZEner medaille einerlei
ob sie fällt auf die kehrseite beim rotieren

fange neu an! denn schon ruft glatt wie satin
eine lache von geschmolzenem PLATIN
weißes blatt mit was zum schreiben *und* radieren

MEISTERSONETT

weißes blatt mit was zum schreiben und radieren
in den grauen zellen eine welt entsteht
nur ein leben kurz bis alles blut vergeht
lass die bilder 'nen hauch langsamer passieren!

etwas dann verstohlen um die seele späht
und wo unsichtbare blicke sich tangieren
mag ein regenbogen plötzlich irisieren
der prinzipien als eintönigkeit verschmäht

bühnenfern, oh doch, es lebt noch die magie
kühler punsch voll wunsch erfüll'nder energie
der moment zerronnen längst zur ewigkeit

für beschwingten musenschmatzes schokolade
noch so lang sei fastenzeit der schreibblockade
vor auch bloßem reißbrett der abwegigkeit!

7/2015

Biografische Notizen

Max Schatz (*1981) ist seit 2019 Übersetzer für die russische Sprache. Seine Gedichte und Kurzgeschichten wurden in diversen Anthologien veröffentlicht, wie auch einige der in diesem Band präsentierten Sonettenkränze (u. a. ausgezeichnet in einem Literatur-Wettbewerb 2013). 2019 erschien über den fortlaufenden Wettbewerb des Verlags „Sojus pisatelej" in Russland sein erster Roman (auf Russisch) und in der Literaturzeitschrift dieses Verlags sein einziger russischer Sonettenkranz „Wremja" (Die Zeit).

Elena Seifert, Prof., Dr. (*1973) ist eine russlanddeutsche Dichterin, Prosaikerin, Literaturwissenschaftlerin, Literaturkritikerin und Übersetzerin. Sie ist Mitglied mehrerer Verbände, Preisträgerin internationaler Literaturwettbewerbe und Redakteurin verschiedener Periodika.

Sergej Kalugin (*1967) ist ein russischer Dichter, Musiker, Songwriter und Frontmann der 1999 gegründeten russischen Rockgruppe „Orgija Prawednikow".

Maximilian Woloschin (1877–1932) war ein russisch-ukrainischer Dichter, Landschaftsmaler und Publizist mit deutschen Wurzeln.

Inhalt